물 아저씨 과학 그림책 11
바람 타고 세계 여행

2016년 7월 15일 1판1쇄 발행 | 2024년 3월 10일 1판17쇄 발행

글그림 | 아고스티노 트라이니 옮김 | U&J
펴낸이 | 나춘호 펴낸곳 | (주)예림당
등록 | 제2013-000041호 주소 | 서울시 성동구 아차산로 153
구매 문의 전화 | 561-9007 팩스 | 562-9007
책 내용 문의 전화 | 3404-9251
http://www.yearim.kr

책임 개발 | 박효정 / 서인하 문새미 디자인 | 이정애 저작권 영업 | 문하영 / 박정현
제작 | 신상덕 / 박경식 영업 홍보 | 김민경 마케팅 | 임상호 전훈승

ISBN 978-89-302-6868-4 74400
ISBN 978-89-302-6857-8 74400(세트)

이 책의 한국어판 저작권은 (주)예림당과 Atlantyca S.p.A.사와의 독점 계약으로 (주)예림당에 있습니다.
저작권법에 의해 한국 내에서 보호를 받는 저작물이므로 무단 전재와 복제를 금합니다.

All names, characters and related indicia contained in this book, copyright of Edizioni Piemme S.p.A., are exclusively licensed to Atlantyca S.p.A. in their original version. Their translated and/or adapted versions are property of Atlantyca S.p.A. All rights reserved.
Text and illustrations by Agostino Traini
©2014 Edizioni Piemme S.p.A., Palazzo Mondadori - Via Mondadori, 1 - 20090 Segrate
©2016 for this book in Korean language - YeaRimDang Publishing Co., Ltd.
International Rights   Atlantyca S.p.A. - foreignrights@atlantyca.it - www.atlantyca.com
Original Title: IL GIRO DEL MONDO COL SIGNOR ACQUA
Translation by: 바람 타고 세계 여행

No part of this book may be stored, reproduced or transmitted in any form or by any means, electronic or mechanical, including photocopying, recording, or by any information storage and retrieval system, without written permission from the copyright holder. For information address Atlantyca S.p.A.

물 아저씨 과학 그림책 11

바람 타고 세계 여행

글·그림 아고스티노 트라이니

"우아, 우리가 사는 지구는 이렇게 생겼구나!"
아고와 피노의 들뜬 목소리에 지구본 아저씨도 신이 났어요.
"그런데 왜 여기는 이렇게 파란색이 많아요?"
아고가 고개를 갸우뚱거렸어요.

"내가 있어서 그래! 지구에는 물로 뒤덮인 곳이 많아서
파랗게 보이는 부분이 많은 거야."
불쑥 나타난 물 아저씨가 알려 주었어요.

"지구는 둥글지만 지도로 쫙 펼치면 한눈에 볼 수 있어!"
지구본 아저씨가 벽에 걸린 커다란 지도를 가리켰어요.

세계의 기후는 지역마다 아주 달라. 어떤 곳은 비가 많이 오고, 어떤 곳은 바짝 말라 있어. 오들오들 추운 곳도 있고, 땀이 뻘뻘 나게 더운 곳도 있지.

바다가 엄청 넓구나.

"와, 지구가 이렇게 넓구나! 여기는 어떤 곳이에요? 저기는요?"
"지구의 구석구석이 궁금해? 그럼 당장 세계 여행을 떠나자!"

"세계 여행이요? 좋아요, 얼른 떠나요!"
눈이 휘둥그레진 아고와 피노가 지구본 아저씨를 졸랐어요.
"자, 그럼 먼저 북극으로 떠나 볼까?"
지구본 아저씨가 머리를 톡톡 두드리며 주문을 외웠어요.

어디로 가요?

핑그르르 톡톡~

정말 멋진 여행이
될 거야!

친구가 선물을
받으면 기뻐하겠지?

휘이잉~ 갑자기 어디선가 세찬 바람이 불어와
아고와 피노, 지구본 아저씨를 두둥실 들어 올렸어요.
"좀 이따가 만나자!"
물 아저씨가 손을 흔들었어요.

깜빡 눈을 감았다 뜨자, 어느새 북극에 도착했어요!
아고와 피노는 아주 차가운 바다에서 카약을 타고 있었어요.
카약은 이누이트들이 타는 작은 배예요. 둥둥 떠다니는
커다란 얼음덩어리인 빙산을 요리조리 피하며 노를 저었지요.

빙산

온통 눈과 얼음으로 뒤덮여 있네.

이누이트는 북극에서 사냥을 하며 사는 사람들이야.

"얘들아, 반가워. 북극에 온 걸 환영해!"
나누크와 티리아크가 아고와 피노를 반갑게 맞아 주었어요.
"많이 춥지? 이글루를 소개할게. 같이 가자!"

아고와 피노는 이글루에서 따뜻한 저녁을 먹고 잠이 들었어요.
차가운 눈보라가 쌩쌩 몰아치는데도 이글루 안은 따뜻했어요.
얼음 사이에 공기가 많아서 차가운 바람을 막아 주었거든요.

따뜻해~

이거 네 거야?

우리 뭐 하고 놀까?

빙산으로 얼음과자 만들어 먹어요!

열대 지방의 정글은 매우 덥고 습했어요. 갖가지 식물로 무성하게 우거진 숲에 다양한 동물이 살고 있었지요.

원주민 친구들은 아고와 피노를 오두막으로 초대했어요.
"우리 같이 강에서 물놀이도 하고 물고기도 잡을래?"

물놀이를 실컷 하고 나니 꼬르륵 배가 고팠어요.
원주민 친구들이 새콤달콤 맛있는 과일을 잔뜩 주었어요.
아고와 피노는 함께 이야기하는 이 시간이 정말 행복했어요.

지구본 아저씨가 이제 슬슬 떠나자고 재촉했어요.
"이번에는 사막으로 가자! 핑그르르!"
지구본 아저씨가 황금빛으로 빛나는 옆구리를
톡톡 건드리며 주문을 외우자 뜨거운
먼지바람이 휘몰아쳤어요.

아고와 피노는 어느새 모래사막에서 낙타를 타고 있었어요.
"지구본 아저씨, 여긴 너무 메마르고 뜨거워요!"
"그래도 낙타가 있어서 다행이야. 낙타는 혹에 지방이 있어서 오랫동안 물을 마시지 않아도 버틸 수 있거든."

"어, 오아시스가 보여요! 저기 물 아저씨가 있겠죠?"
저 멀리 초록색 나무들이 어른어른 보였어요.
"설마 신기루는 아니겠지?"
아고와 피노는 오아시스를 향해 부리나케 뛰어갔어요.

오아시스 주변에는 커다란 야자수 그늘이 있어서 시원했어요. 아고와 피노는 꿀꺽꿀꺽 물을 들이켜고는, 유목민들이 내준 달콤한 과자를 먹고 알싸한 박하 차를 마셨어요.

그리고 또다시 여행길에 올랐지요.
"바쁘다, 바빠. 이번에는 고산 지대로 출발!"
지구본 아저씨가 주문을 외우자 쌔애앵~
거센 산바람이 불어왔어요.

아고와 피노는 어느 틈에 높은 산비탈에 서 있었어요.
어찌나 높은지 집과 사람들이 장난감처럼 아주 작게 보였어요.
"떨어지지 않게 발밑을 조심해!"

비탈길을 따라가니 필로메나의 산장이 나왔어요.
"얘들아, 어서 와! 애플파이 좀 먹고 가렴."
고소한 냄새에 아고와 피노의 발이 절로 빨라졌어요.

한 조각만 남겨 주세요!

얼른 와!

으아, 무거워!

맛있는 냄새~

쩝쩝! 아고와 피노가 애플파이를 먹는 동안 지구본 아저씨가
고산 지대에 사는 사람들의 이야기를 들려주었어요.

"비탈이 가파르고 계곡이 깊은 곳도 많지만 늘 봄날 같아서 사람들은 높은 곳에 마을을 만들고 밭을 일구었어."

"아쉽지만 이제 마지막 여행지로 떠나야 해."
지구본 아저씨가 눈 옆을 톡톡 두드리며 주문을 외우자,
잎이 뾰족하고 키가 큰 나무들이 가득한 숲이 나타났어요.

나무랑 버섯 냄새가 나!

어서 와~

침엽수가 많은 북쪽 지역을 '타이가'라고 불러.

아고와 피노는 수영을 하는 커다란 사슴을 만나고
카누를 타는 인디언 소년과도 인사했어요.

"지구본 아저씨, 고마워요. 정말 신나는 여행이었어요.
하지만 아직 가 보고 싶은 곳이 아주 많아요!"
아고가 새콤달콤한 블루베리와 산딸기를 먹으며 말했어요.
"너희와 함께 떠나는 여행이라면 언제든 좋아."
지구본 아저씨가 활짝 웃었어요.

지구본 아저씨와 함께하는 신나는 과학 실험

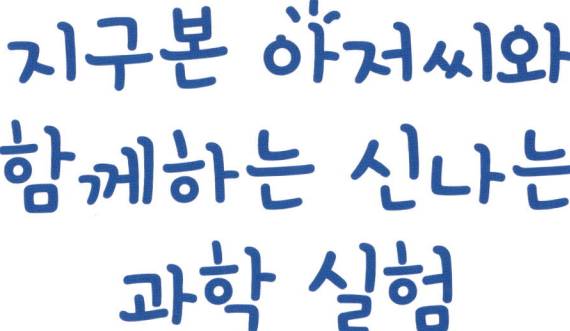

차근차근 따라 해 보세요!
그동안 알지 못했던 재미있고 흥미진진한
사실들을 알게 될 거예요.

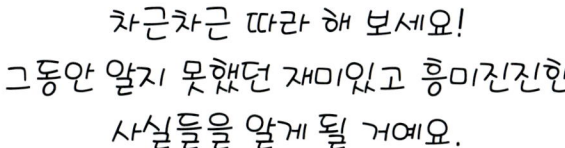

나만의 지구본 아저씨

준비물

 신문지
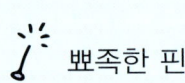 뾰족한 핀
 풍선
 가위
 붓과 작은 그릇
 접착제
 물

난이도

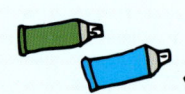  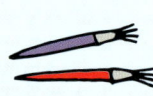

물감, 붓, 플라스틱 컵

1

신문을 가늘고 길게 잘라요. 풍선은 둥글게 불어서 매듭을 지어요. 작은 그릇에 물과 접착제를 넣고 섞어요.

2 풍선에 붓으로 접착제를 바르고, 잘라 둔 신문 조각을 붙여요. 접착제를 덧칠하면서 신문 조각을 여러 겹으로 붙여요. 풍선 매듭에는 신문 조각을 붙이지 않아요.

3 접착제가 마르도록 햇볕에 풍선을 말려요.

4 종이가 바싹 말라서 굳으면 뾰족한 핀으로 풍선을 콕 찔러요. 풍선에서 바람이 빠져 속이 텅 빈 신문지 공이 될 거예요. 풍선 매듭 자리에 생긴 구멍으로 남은 신문을 구겨 넣어 속을 채워요.

5 이제 나만의 지구본을 만들어요! 지구본을 보고 똑같이 그려도 좋고, 마음껏 상상해서 새로운 지구를 만들어도 좋아요.

지구본은 둥근 지구의 모양을 본떠 만든 모형이에요. 바다·육지·경도·위도 등을 그려 넣었지요. 세계의 모습을 한눈에 살펴볼 수 있어요.

야고스티노 트라이니는 누구일까요?

저는 1961년에 태어났어요. 어렸을 때는 몰랐어요.

커서 그림책을 만드는 사람이 될 줄 말이에요.

한 권의 책을 만들려면 먼저 좋은 생각이 떠올라야 해요.

보통은 재미있는 등장인물들이 머릿속에 떠올라요.

엉뚱한 상황들도요.

하지만 가끔은 아무 생각도 나지 않을 때가 있어요!

생각이 떠오르면 그림을 그리기
시작해요. 먼저 연필로 그린 다음,
검은색 잉크로 다시 그려요.

그런 다음, 모든 장면을 색칠해요.
붓과 물감을 쓰기도 하고

컴퓨터로 작업할 때도 있어요.
이 책은 컴퓨터로 만들었어요.

이 모든 작업이 끝나면
인쇄해서 책이 완성됩니다.
정말 행복한 순간이지요!

Agostino Traini

아래의 주소로 저에게 이메일을 보낼 수 있어요.
agostinotraini@gmail.com

물 아저씨 과학 그림책

과학 공부의 시작은 물 아저씨와 함께!
세상 곳곳의 신기한 과학 현상을 배우며
지적 호기심을 가득 채워 보세요!

글·그림 아고스티노 트라이니 | 175×240mm | 32~48쪽 | 각 권 8,500원

1 물 아저씨는 변신쟁이
2 공기 아줌마는 바빠
3 해 아저씨는 밤이 궁금해
4 키다리 나무 아저씨의 비밀
5 계절은 돌고 돌아
6 물 아저씨와 감각 놀이
7 알록달록 색깔이 좋아
8 화산은 너무 급해
9 물 아저씨는 힘이 세
10 농장은 시끌벅적해
11 바람 타고 세계 여행
12 불 아저씨는 늘 배고파
13 폭풍은 이제 그만
14 물 아저씨와 몸속 탐험
15 옛날에 공룡이 살았어

 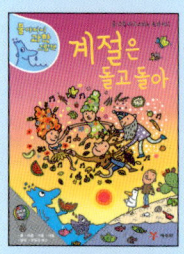   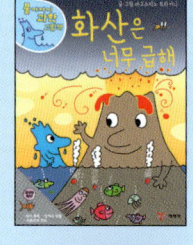

특별!
물 아저씨와 신나는 크리스마스

물 아저씨와
건강한 먹거리

물 아저씨와
신나는 크리스마

물 아저씨와 건강한 먹거리
물 아저씨와 신나는 크리스마스

글·그림 아고스티노 트라이니 | 220×280mm | 32쪽 | 각 권 13,000원